COMPTE RENDU

D'UNE MISSION EN HONGRIE,

DANS L'INTÉRÊT DE

L'INDUSTRIE VITICOLE

ET ŒNOLOGIQUE.

—◦◦◦—

TOURS,

IMPRIMERIE DE A.͏ MAME ET C.ͥͤ

1839.

A Messieurs les membres de la Société Agricole et Linnéenne et du comice agricole de Bordeaux, de l'Académie royale de Metz, et de la Société Académique d'Indre et Loire.

MESSIEURS,

L'accueil si encourageant que vous avez fait à la proposition que je voulais adresser à M. le ministre de l'agriculture, les recommandations si nombreuses et si chaleureuses dont vous l'avez appuyée, me font un devoir qui s'accorde, du reste, parfaitement avec mes sentiments, de vous rendre compte des observations que j'ai pu faire durant le cours de la mission que vos témoignages d'estime et de confiance m'ont fait obtenir de M. le ministre.

Il me paraît convenable de rapporter succinctement le programme des motifs de cette mission; que quelques esprits chagrins et mécontents de tout, pourraient ne pas regarder comme rigoureusement indispensable. Ce n'est point une simple promenade que M. le ministre a entendu payer à son missionnaire ; c'est le sentiment du devoir d'un ministre éclairé de céder aux vœux de quatre sociétés des plus recommandables du royaume ; du préfet de la Gironde ; de deux membres de la députation du même département, MM. Galos et Wustemberg ; enfin, d'un membre de celle d'Indre et Loire, M. Alex. Goüin, que j'ai toujours trouvé disposé à me seconder dans mes vues de dévouement à cette partie de l'agriculture à laquelle je me suis livré spéciale-ment. Je terminerai cet exposé par une observation :

En acceptant la condition d'utilité, trouverait-on en France beaucoup d'hommes de mon âge (61 ans, et cette mission ne pouvait être bien remplie que par un homme d'une longue expérience) qui eussent consenti à faire une pro-menade de neuf cents lieues, y compris le retour, dans la saison convenable, qui commençait à devenir rigoureuse même pour les indigènes, dans le seul but de l'avancement de l'industrie viticole, la plus importante, et si on le con-teste, du moins la plus rapportante à l'Etat ? Cette mission me paraît donc tout aussi honorable pour le ministre qui l'a autorisée, et pour les sociétés agricoles qui l'ont re-commandée, que celle qui aurait eu pour objet de visiter les ruines des villes et des monuments antiques, ou tout autre but utile aux progrès des arts et de l'industrie na-tionale. Je conviendrai que ce que j'avais regardé comme un acte de dévouement, est devenu pour moi une source de plaisirs, par la bienveillance inattendue que j'ai trouvée en Hongrie, par cette obligeance encore plus vive en ac-tions qu'en paroles, dont j'ai ressenti l'effet incessant, et que cet accueil si touchant a donné à l'accomplissement d'un devoir tout le charme d'un voyage d'agrément.

Me saura-t-on mauvais gré d'avoir assez de franchise

pour ne pas me présenter comme une victime de mon dévouement, surtout quand j'en rapporte uniquement l'hon-
neur à ma qualité de Français?

Je reviens à l'exposé des motifs de ma mission, mission
de la sincérité de laquelle les sergens autrichiens et les agens
de la police de Vienne n'ont pas acquis une entière convic-
tion, et que quelques esprits frivoles ont également mise en
doute; ceux-ci, ne comprenant pas que la gaieté du caractère français pût s'accommoder d'un genre d'occupation
aussi sérieux; les autres, que l'esprit français, que l'on
croit exclusivement dominé par la politique, pût se li-
vrer à une occupation aussi innocente. Je dois ajouter qu'il
n'en a pas été de même en Hongrie, où je ne me suis pas
aperçu qu'il y eût de police, et dont les habitants sont très-
bienveillants pour notre nation. M. le duc D. avait fait un
rapport verbal au mois de janvier 1839 à la société royale
et centrale d'agriculture, qui avait été inséré dans son bulletin; il avait pour objet la présentation à cette société d'un
traité sur les vignes et la fabrication des vins d'Allemagne
et de Hongrie adressé par son auteur M. Schams, et en
outre, un mémoire du même, relatif à l'établissement vi-
cole qu'il dirigeait et qu'il avait créé avec l'aide de quelques souscripteurs; enfin, la proposition qu'il faisait à
cette société d'user de toute la puissance de considération
dont elle jouissait pour en créer de semblables en France.
Il paraissait donc important de connaître cet établissement pour ne pas nous laisser trop devancer dans la voie
du perfectionnement; car M. Soulange Bodin a judicieuse-
ment observé dans un de ses intéressants rapports, qu'on
faisait partout les plus grands efforts pour introduire la
culture de la vigne, et que c'était une raison de plus pour
les viticoles français de redoubler de soins pour maintenir
et même accroître la qualité de leurs vins; et déjà, au
commencement de ce siècle, un ministre qui a laissé un

nom honorable, François de Neufchâteau, avait exprimé
dans une note du chapitre de la vigne du théâtre d'agriculture, les vœux qu'il formait pour qu'on accordât des en-
couragements publics à celui qui chercherait à naturaliser
en France les bonnes espèces de vigne étrangère.

Tous les grands pays viticoles possèdent des ouvrages sur
leurs meilleurs cépages, et même sur ceux qui peuplent les
premiers vignobles de l'Europe. Aucun d'eux n'a été traduit, et presque tous ne font bien connaître que les plants
cultivés dans les localités habitées par leurs auteurs ; il
était donc important d'apprécier le mérite de ces ouvrages
pour décider si une simple traduction suffisait, où s'il ne
conviendrait pas davantage de travailler sur de nouvelles
bases. Je m'en suis occupé autant que mon ignorance de la
langue allemande me l'a permis en recherchant la conversation de plusieurs savants agronomes : le conseiller Burger, qui m'a procuré la connaissance des deux ouvrages
les plus nouveaux et les plus importants sur cette matière,
le censeur impérial Rupprecht à Vienne, le docteur Offner
à Bude, et enfin le conseiller Von-Gok à Stuttgardt, auteur de l'un de ces ouvrages.

Enfin, j'avais offert de me charger des commissions,
et de suivre les instructions des sociétés agricoles qui m'ho-
noraient de leur confiance et de leur appui ; et je crois avoir
rempli cet engagement avec conscience.

Pendant mon séjour à Paris, je n'avais pas manqué de
visiter la belle collection du Luxembourg, si bien dirigée
par M. Hardy, sous les auspices de M. le duc D., auquel les ampélophiles auront de si grandes obligations.
J'y remarquai, non sans quelque inquiétude pour le succès
de cette école, l'effet bien marqué du climat ou du terrain;
de belles grappes de chasselas musqué, auquel j'ai rendu

dans ma collection son vrai nom de *mescat de jésus*, avaient tous les grains crevassés et serrés sans avoir encore atteint leur maturité. A la Dorée, les grains y sont écartés, et mûrissent presque aussitôt que les chasselas et aussi complétement.

Dans mon voyage de Paris à Strasbourg, je n'ai pas traversé le vignoble d'Épernay sans un vif regret de ne pouvoir m'y arrêter quelques heures; car ces vignes, où les ceps sont si rapprochés (environ 4 décimètres les uns des autres, et réduits à une hauteur à peu près égale), furent un sujet de nombreuses réflexions pour un ampélonome qui a souvent entendu dire qu'on plantait toujours trop serré, même quand les rangées sont espacées de trois pieds. Je passai un jour à Strasbourg pour visiter son jardin botanique, dans l'espoir d'y faire quelque connaissance nouvelle; la seule qui mérite mon souvenir, est celle de M. Gény son directeur, homme plein de zèle, et qui m'a paru désirer vivement former une collection de vignes, et obtenir à cet effet un terrain plus vaste que celui si borné sur lequel il opère. Il me montra et me fit goûter un fort bon raisin dont il ignorait le nom, et je fus charmé de reconnaître mon *corsico*, nom que je lui ai donné provisoirement, n'ayant pu l'obtenir de M. le préfet de la Corse, qui m'en avait envoyé une centaine sur ma demande d'autant de crossettes de *sciacarello*, l'erreur était évidente, car je possédais déjà avec certitude la sciacarello qui est violet, et le corsico est blanc doré, les grains assez ressemblants à ceux du *vermantino*, mais beaucoup plus serrés sur la grappe. Depuis Strasbourg jusqu'à Munich exclusivement, on ne servait sur la table que du *frankenthaler*, gros raisin noir, assez doux, mais dont la peau est molle et la chair insipide. A Munich, où je m'arrêtai un jour, j'eus le regret de ne pas trouver le directeur du jardin botanique qui passait ses vacances à Vienne.

Je fu s obligé de faire dans cette capitale de l'Autriche presque une neuvaine à mon grand déplaisir, et cela par la négligence du soldat du poste à Lintz, qui avait égaré mon passe-port; ce qui me valut à mon arrivée à Vienne le désagrément de passer près de deux heures dans divers corps-de-garde, en attendant l'arrivée des commis du bureau de police.

Je profitai de mon séjour forcé dans cette ville pour faire des connaissances utiles au succès de ma mission; en première ligne je placerai celle du censeur impérial, M. Rupprecht, possesseur de la plus riche collection, non-seulement de vignes*, mais aussi de chrisantbèmes et de dahlias, qui soit dans les états autrichiens. Cette collection, particulièrement sous le rapport des vignes, avait acquis pour moi la plus grande importance depuis la mort de M. Görög, ancien gouverneur de l'empereur actuel, qui s'était donné tous les soins imaginables pour en former une à Grinzing, probablement alors la plus riche du monde entier, mais qui a survécu peu de temps à son fondateur; perte déplorable, qui se renouvellera en France comme elle a déjà eu lieu près de Vienne et près de Pesth, car j'eus le chagrin d'apprendre de M. Rupprecht que Schams, cet homme si dévoué aux progrès de l'industrie viticole, dont j'allais visiter l'établissement, et auprès duquel j'espérais trouver de nouvelles lumières, était mort depuis quatre mois.

Quelque affligeante que fût pour moi cette nouvelle, je n'en poursuivis pas moins le désir de remplir mes engagements en visitant cet établissement; mais avant de quitter Vienne, étendant mes vues au-delà du programme d'inves-

---

* J'en ai un catalogue qui va jusqu'au n° 1273, mais ce n'est qu'un supplément.

tigations tracé dans ma lettre à M. le ministre de l'agriculture, je me décidai à aller voir faire les vendanges de Tokai. Dès lors je sentis le besoin d'avoir quelques lettres de recommandation pour le pays dit *Hegy-Allia,* ou *Pied des Montagnes,* où sont situés les célèbres vignobles de Tokai, Mada, Tarczal, etc.; malheureusement pour moi, notre ambassadeur ne connaissait personne dans cette partie de la Hongrie.

Mais ce que je n'avais pu trouver à Vienne, le bateau à vapeur me le procura. Une dame du plus haut rang, que ma reconnaissance me fait un devoir de nommer, Mme la comtesse Festetish *, avec laquelle je liai conversation, voulut bien prendre intérêt à la position un peu embarrassante où je me trouvais par l'absence de toute recommandation, et quelques moments après l'avoir quittée, je reçus d'un de ses parents la proposition de faire ensemble le voyage à l'Hegy-Allia, en me prévenant que les affaires de son père, qui était resté à la diète, le retiendraient quelques jours à une campagne près de Pesth. J'en profitai pour visiter l'établissement du pauvre Schams, avec un membre de l'académie de Pesth, qui voulut bien me servir d'interprète, tant pour y parvenir que pour me faire comprendre de l'ouvrier qui en avait soin. Cette collection est certainement une des plus riches de l'Europe, tout est classé par provenance de pays; c'est le seul ordre qu'un fondateur de collection puisse adopter; les plants sont beaux et tous échalassés, le terrain est gras et humide, et sa position dans un vallon au pied de monts peu élevés; ces monts m'auraient semblé bien plus propres aux expériences de

---

* Cousine du comte Festetisch, bien connu de l'Europe agricole par son établissement normal, appelé *Georgicon,* et dont le nom a été défiguré par les auteurs français qui en ont fait le nom bizarre de forestier.

l'appropriation des cépages étrangers au climat du pays.
Il y a un quarré tout entier de vignes provenues de semis,
voie de perfectionnement louable, sans doute, mais que je
ne conseillerai à personne de suivre, à moins que ce ne
soit dans des établissements dont l'existence ne tient pas à
celle de leurs fondateurs; car en cette circonstance-ci, par
exemple, qui se représentera souvent, le fondateur est
mort tout entier sans avoir laissé à personne les idées qui
l'avaient dirigé dans ses expériences et qui auraient servi à
en éclairer les résultats. La Société économique de Pesth
désirerait bien conserver cette collection, mais on lui fait
des conditions très-dures, et quand même le propriétaire
en ferait de plus modérées, où trouvera-t-elle un homme
aussi instruit, aussi habile et surtout aussi dévoué? car il
est naturel de l'être beaucoup plus à ses propres œuvres
qu'à celle des autres. Le vigneron qui répondit à mes ques-
tions, par l'intermédiaire de mon compagnon de voyage,
était un homme de peu d'intelligence, et il est déplorable
que Schams n'ait légué à personne le fruit de ses observations et le plan de ses expériences, tant celles déjà com-
mencées que celles projetées. J'en ai cependant rapporté
quelques espèces qui, au dire du vigneron, étaient des mi-
racles de bonté. Je souhaite vivement que les propositions
que Schams avait faites pour la fondation d'établissements
destinés au perfectionnement de l'industrie viticole, soit en
France soit dans plusieurs états de l'Allemagne, aient pour
résultat une entreprise mieux conçue et surtout plus dura-
ble. Le grand duché de Bade est jusqu'ici le seul qui ait
accueilli cette proposition avec faveur, et où il y ait eu un
commencement d'exécution à Heidelberg.

Quand mon jeune compagnon de voyage vint me prendre, nous étions à la fin de la seconde journée de mauvais
temps; jusqu'alors je n'avais vu que de beaux jours, le
moment de l'expiation était arrivé. Si nous avons fait ce

voyage sans accident, c'est bien le cas de dire qu'il y a un
Dieu pour les imprudents, de même qu'on le dit pour les
ivrognes, car nous voyagions autant la nuit que le jour.

Depuis Hatvan jusqu'à Tokai, c'est-à-dire l'espace de
près de vingt lieues, règne une plaine immense qui ne
se termine pas à Tokai, mais qui est accidentée par la
montagne de ce nom; c'est le commencement de la chaîne
des Karpathes. Sur cette route vous voyez de nombreuses
plantations de Soleils (helianthus annuus), dont on fait de
l'huile excellente à manger, et de tabac, qui n'est pas
chargé d'impôts indirects comme nos vins. A ce sujet, je
me permettrai d'exprimer une seule des réflexions que le
spectacle de cette culture a fait naître en mon esprit. N'est-il
pas déplorable qu'en France, où la tendance des esprits est
si démocratique, où l'on a une si juste sollicitude pour les
classes inférieures de la société, le sel et le vin, les denrées
les plus indispensables au peuple, soient chargés de droits
indirects, tandis qu'en Hongrie dont, à la vérité, les habitants ont la noble et légitime fierté de ne se croire soumis
qu'à leurs propres lois, le tabac en soit exempt? Du moins
je dois le croire, au bas prix où il est : quelques kreutzers
la livre, c'est-à-dire deux à trois sous. Avec un impôt mo-
déré sur cet objet de consommation plus générale que celle
du vin en France, ils ne donneraient plus lieu à la plaisan-
terie des Allemands, qu'ils aiment mieux leur liberté que
les beaux chemins, et ils leur prouveraient ainsi que ces
deux goûts ne sont pas incompatibles.

Du reste, je dois ajouter que les Hongrois ne sont pas en
reste avec les plaisants de l'Autriche, et qu'ils y joignent
une profonde répugnance à passer pour Allemands dans
l'esprit d'un étranger. Le caractère de ces deux peuples,
quoique gouvernés par le même souverain et que l'un soit
comme enveloppé par l'autre, est fort différent : l'Allemand

est patient, docile, facile à conduire, fort occupé du positif de la vie et aussi de ses plaisirs ; la musique, la danse et le tabac font ses délices.

A juger de l'autre d'après ceux avec lesquels j'ai eu des relations, et même d'après l'histoire, au souvenir de son entraînement à la cause de Marie-Thérèse *, le Hongrois est d'une imagination prompte à exalter ; peut-être a-t-elle besoin d'être légèrement assoupie et comprimée par la fumée de la pipe ; son choix est fait depuis longtemps, comme chez ses voisins de la Pologne, entre les agitations de la liberté et les douceurs d'un despotisme même paternel ; plein de cœur, de dévouement dans ses affections, la prudence ne dirige pas toujours ses actions, son intérêt même bien entendu le porte difficilement à un sacrifice. Le pont sur le Danube, entre Pesth et Bude, est voté cependant ; sera-t-il exécuté ? J'ai entendu faire cette question.

Le lendemain de notre arrivée, nous nous rendîmes à une vigne qui appartenait au père de mon jeune hôte, où nous trouvâmes, outre quelques hotteurs en manteaux tombant jusqu'au talon, une trentaine de vendangeuses et douze à quatorze égraineuses, c'est-à-dire de femmes occupées à trier les *trokenbeers,* ou grains à demi-secs fournis par quelques espèces de raisins, et particulièrement du *furmint* et du *harslevelii.* Elles étaient rangées le long d'une grande table à rebords de trois à quatre pouces de haut, sur laquelle les hotteurs vidaient leur hotte. Ces grains à demi-secs, de la couleur des raisins cuits du commerce, sont en très-petite quantité ; les meilleures grappes n'en ont que cinq à six, quelques-unes pas du tout. Quand chaque égraineuse en a un petit monceau, on les ramasse tous pour les

---

* Moriamur pro rege nostro Mariâ Theresâ.

mettre dans une espèce de grande tinette ou petite cuve, où un homme les foule à pieds nus jusqu'au point de les réduire en bouillie, après quoi on les mouille de deux à quatre fois leur volume, c'est-à-dire que pour une hottée de trokenbeers (toutes les hottes sont en sapin) on ajoute deux à quatre hottées de moût ou jus des raisins qui ont passé sur la table, et qu'on a foulés dans un sac clair tissu de ficelle, et puis on remue bien ce mélange, qu'on soutire au bout de vingt-quatre à trente-six heures, selon que la fermentation a plus ou moins tardé à se décider. On m'a assuré que jamais on ne les clarifiait et même on ne les soutirait ; aussi en ai-je vu quelquefois de louche, et comme on mêle souvent des grains gâtés à ceux demi-secs, il arrive que l'*ausbruch*, nom qu'on donne au vin fait de cette manière, rappelle quelquefois ce défaut de soin par le goût de pourri. Je n'entrerai dans aucun autre détail sur la fabrication de ce vin, parce qu'elle a été parfaitement décrite dans un excellent article de M. Théodore Fix, inséré dans le Bulletin de la Société œnologique, et reproduite avec peu de changement dans mon ouvrage. Quelque désir que j'aie eu d'en goûter d'aussi bon que sa réputation est grande, je n'ai réussi qu'une seule fois, et c'est dans une cave du bourg de Mada, qui rivalise Tokai ; à la vérité il était de 1820, c'est-à-dire qu'il avait près de vingt ans. Partout ailleurs je n'ai trouvé, sous le nom de *vin de Tokai*, qu'une liqueur d'une douceur sirupeuse, sans vinosité ; je dirai plus : je suis bien porté à croire que le vin fait par l'habile et judicieux docteur Dejean, depuis plus de vingt-cinq ans, dans le département de l'Hérault, avec le plant le plus estimé de l'Hegy-Allia, le *furmint*, introduit en France par un émigré il y a une quarantaine d'années, est comparable aux premières qualités du vin de Tokai dont le commerce peut disposer, et bien supérieur à tous ceux que j'ai goûtés, à l'exception de celui de la cave de Mada dont j'ai parlé, et que l'on voulait vendre 250 florins (625 fr.) le baril de cent litres environ. Du reste je sais qu'il l'expédie en Allemagne, où il le vend un bon prix, sous le nom même de vin de Tokai. Toutefois, je n'entends pas dire par là que le vin de Tokai soit au-dessous de sa vieille réputation, mais seulement qu'il est très-difficile et très-rare d'en trouver qui la justifie.

En disant vin de Tokai, c'est pour me conformer à l'usage ; on devrait dire vin de l'Hegy-Allia, car le mont Tokai n'a que l'avantage d'être le plus remarquable par sa grosseur et son élévation de tous les monts qui le suivent, et de former le premier anneau de la chaîne des Karpathes ; le mont Mada, le mont Tarczal, où est situé le vignoble de l'empereur, le priment pour la qualité de leurs vins ; d'autres le rivalisent.

Du reste les vignes sont bien cultivées, les ceps tous échalassés et bien accollés, le terrain bien net de mauvaises herbes ; je dirai seulement que la taille, qui est la même pour toutes les sortes de plants, soit aux environs de Bude, où l'on fait des vins rouges, soit dans l'Hegy-Allia, où l'on n'en fait que de blancs, n'annonce pas autant d'intelligence de la culture de la vigne qu'en montrent nos vignerons en taillant chaque cep selon ses dispositions naturelles, le Côt, le Breton, les trois variétés de Sûrins, etc., dans notre pays en leur laissant des verges, et pour d'autres moins vigoureux en les taillant à court bois. En Hongrie ils les taillent tous sur deux têtes à très-court bois, et ces deux têtes sont généralement et avec raison à cinq ou six pouces de terre. Ils n'ébourgeonnent ni n'épamprent point, et je crois cependant que ces deux opérations leur conviendraient très-bien, car, même dans les premiers jours de novembre, les raisins étaient tellement couverts de feuilles, qu'on ne les apercevait pas plus qu'au mois de juillet ; peut-être feraient-ils bien aussi de rapprocher un peu les rangées, qui sont à près d'un mètre de distance. En France, sous la même latitude ou à peu près (et ici je dois relever une erreur de Julien, qui place Tokai sous le 43ᵉ degré de latitude, tandis qu'il est au-delà du 48ᵉ), en Champagne, bien digne de servir d'exemple, les ceps sont de douze à quinze pouces les uns des autres, et l'ébourgeonnement les réduit à la même hauteur. J'ai bien considéré les raisins, et je me suis convaincu de l'identité du *furmint* de l'Hegy-Allia avec le tokai du département de l'Hérault et de nos collections, du moins de celui fourni généreusement par M. Cazalis-Allut à la collection de la société linnéenne de Bordeaux et à la mienne, et par conséquent l'erreur de dénomination donnée au furmint des frères Baumann; le feuillage du moins en est fort différent, à moins que le leur ne soit le *madarkars furmint* ou furmint à petits grains, que je n'ai pas aussi bien considéré. J'ai reconnu aussi celle des frères Audibert pour leur prétendu Tokai-musqué, qui n'est autre que le muscat de Jésus de nos anciens auteurs.

J'ai retrouvé le sylvaner du Haut-Rhin dans le Rothezirifand de Pesth, mais ma surprise la plus agréable a été la similitude parfaite de la Panse des Bouches-du-Rhône avec le ketsketsetsü des vignes de l'Hegy-Allia, ainsi que celle de notre malvoisie de Touraine, du grauer tokayer de l'Alsace avec le barat ou raisin de moine du même vignoble où il est du reste très-rare et peu estimé. Cette dernière était d'une reconnaissance facile à cause de la couleur, et quant à celle de la Panse avec le ketsketsetsü, c'était bien la même forme de grains, le même écartement, la même consistance; la couleur seule différait un peu, mais cette différence était facilement explicable; la couleur devait être, comme elle l'était, plus dorée dans la Panse qui croît dans un département bien plus méridional, plus verte dans la vigne que je visitais, qui poussait vivement et qui était chargée d'un large et épais feuillage. J'ai quelque lieu de croire aussi que l'Orléans, qui accompagne le Riesling dans la composition des vignes de Johannisberg n'est autre que notre *Arnoison* à petits grains. J'ai reconnu le muscat rouge onze fois dans ce catalogue, le furmint dix fois et le frankental neuf fois. Aussi de cette similitude et de ces diverses dénominations pour la même espèce ai-je conclu comme j'en étais déjà persuadé que les 2,500 numéros des deux catalogues de M. Rupprecht se réduiraient sous des yeux bons observateurs au quart ou au cinquième d'espèces véritablement distinctes; et cependant j'ai cherché en vain dans ce catalogue quelques espèces précieuses telles que le *kakour*, le plus estimé de tous les anciens cépages de la Crimée ; les six espèces que j'ai indiquées à M. le duc D..... comme les plus désirables de Sirmie dont le vin passait avant la réputation de celui de Tokai, pour le meilleur vin du monde au dire de Szirmai de Szirma. Je n'y ai trouvé non plus presqu'aucun des cépages de l'Espagne et du Portugal.

Vous vous attendez sans doute, Messieurs, qu'avec mon actif dévouement au progrès de l'industrie viticole, je n'ai pas manqué cette occasion d'augmenter ma collection des espèces les plus estimées dans ces vignobles ; j'étais guidé dans mon choix par l'ouvrage de Szirmai de Szirma que j'avais trouvé dans la bibliothèque de l'université de Pesth et dont le bibliothécaire avait bien voulu me faire le prêt, par l'article si instructif de M. Théod. Fix sur les vignes de Tokai inséré dans le bulletin de la Société œnologique, et par un volume de l'ouvrage de Schams que je m'étais fait traduire; j'ai eu soin aussi de recueillir l'opinion des vignerons, et c'est à sa considération que j'ai pris quelques sarments de Purscin dont Szirmai dit peu de bien. Le ballot qui a voyagé avec moi et qui trempait de deux à trois pouces dans l'eau partout où je séjournais, est arrivé aussi frais que si les sarments qui le composaient avaient été coupés le jour même. Le sol de ces montagnes est très-variable, mais généralement un sable noir et chargé d'humus ou plutôt une poussière noire comme l'a vue l'Anglais Townson, mais que j'ai trouvée convertie en pâte très-prenante. Les vignes où se trouvent à la surface des pierres blanches très-légères donnent le meilleur vin, c'est un indice aussi d'anciennes éruptions volcaniques, et le sous-sol de ces meilleures vignes est ordinairement une argile jaune, quelquefois des pierres basaltiques à faces unies et régulières; selon Schams le porphyre serait très-commun et ce serait à sa présence que serait due la qualité du vin, quoiqu'il soit un indice de stérilité en Andalousie d'après D. Simon.

Cette courte campagne si active dans la Haute-Hongrie m'offrit d'autant plus d'intérêt que tout y était nouveau pour moi; toutes les races de bétail sont différentes des nôtres; les bœufs qui sont de la race à grandes cornes et d'un poil blanc souvent grisâtre à l'encolure, y ont une allure bien plus vive que les nôtres; leur chair m'en a paru aussi bonne à Pesth et à Vienne que celle des bœufs qu'on tue à Paris; les moutons qui sont à tête noire et chargés d'une laine grossière ont été remplacés chez les grands propriétaires par les mérinos qui y sont d'une grande beauté; les porcs sont remarquables par leur poil rouge un peu laineux au moins à la vue; une variété appelée mangalitza y est fort estimée pour sa bonne conformation et sa facilité d'engraissement, et je regarderais comme une œuvre patriotique de la part d'un ministre de l'agriculture d'en faire venir deux ou trois couples en France, qu'on placerait à l'école d'Alfort. Et ces chevaux si pleins de feu, d'intelligence et de docilité, pourquoi ne ferait-on pas des efforts pour en introduire la race en France? Dans une montée rapide que nous eussions eu de la peine à gravir, quand elle eût été macadamisée, mais où il y avait comme sur la grande route un pied d'une boue grasse et tenace, notre cabriolet, attelé

de quatre vigoureux chevaux, fut lancé par le cocher et
bientôt enterré avant d'être parvenu à la moitié de cette
rude montée encaissée de droite et de gauche par un talus
de sept à huit pieds de haut. A chaque coup de fouet les
chevaux s'éreintaient à arracher le cabriolet et puis res-
taient tranquilles ; bien certainement nos chevaux français
n'auraient pas tardé à ruer et à tout briser ; du reste , je
n'ai trouvé nulle part ces formes ignobles de nos chevaux
de paysan.

Ce serait une omission reprochable à la suite de tout ce
que j'ai dit du vin de Tokai , de ne pas parler aussi d'un vin
de liqueur *rouge* bien digne d'être son rival et même que
je lui préférerais , s'il était mieux fait ou présenté à un âge
plus avancé ; car il a au plus haut degré tous les éléments
qui constituent les meilleurs vins de cette espèce. C'est le
vin de *Menesch* , je l'écris comme on le prononce ; il m'a
rappelé un délicieux vin de *Pontac* que j'ai bu chez un ancien intendant de l'Ile-Bourbon, devenu mon voisin. Le
Menesch dont je parle était moins fin , parce qu'il était livré trop tôt à la consommation et qu'il n'avait pas voyagé ;
il avait trop de douceur et peu de transparence ; mais il
avait un goût parfait. Ce n'est pas une des gloires du comtat de Zemplen comme le Tokai , mais du comtat d'Arad.
J'en ai rapporté du plant.

De retour à Pesth, j'eus une conférence, par le moyen d'un
intermédiaire, avec le docteur Offner, très-amateur de viti-
culture et qui est chargé on doit l'être de la direction de la
belle collection de feu Schams. La question qu'il me fit sur
la manière dont je préservais mes cuves de l'acidité me sur-
prit, et probablement que ma réponse produisit sur lui le
même effet : il impreigne fortement sa cuve remplie, de vapeur de soufre ; « mais, lui dis-je, chez nous on cherche à
hâter le plus possible la fermentation, et il paraît que vous
faites le contraire. Quant aux moyens que j'emploie , ajou-

tai-je, c'est moins pour préserver ma cuve d'un accident qui ne m'est jamais arrivé, que pour obtenir une forte coloration et une marche plus rapide de la fermentation, que j'ai adopté depuis plus de trente ans le double couvercle, au moyen duquel on pourrait garder son vin trois mois en cuve, et je lui en donnai la description. »

Plus tard un autre Hongrois qu'on m'avait signalé comme un homme fort versé dans les pratiques perfectionnées de l'agriculture qu'il avait étudiées dans ses voyages, me parut en avoir rapporté une idée bien erronée des causes de la bonne qualité des vins français; il est reconnu, me dit-il, d'un air profondément convaincu, que ce n'est pas la nature du sol qui en est la source, ni les soins du propriétaire, mais l'*industrie du commerçant*.

De retour à Vienne, je m'occupai incessamment d'une commission qui m'avait été donnée par la Société agricole et linnéenne de Bordeaux, du moins par son interprète M. Bouchereau, celle de choisir et d'envoyer les plants de vigne que je jugerais être les plus précieux parmi ceux qui manquaient à sa collection; j'avais le même intérêt pour compléter la mienne, aussi mes visites à M. Rupprecht furent-elles journalières; mais il était de ces hommes qui prennent toujours deux fois plus de charge qu'ils ne peuvent en supporter. Il avait à faire ranger en amphithéâtre ses dix-huit mille pots de chrysanthèmes de deux cents espèces différentes, à rentrer et mettre en ordre ses trois à quatre mille dahlias, à lire avant d'y mettre son visa tous les journaux, toutes les revues, toutes les chansons et même la musique qui lui parvenaient tous les jours; j'y comprends la musique, car il m'a dit lui-même qu'un cahier de walses, dans lequel Strauss s'était avisé d'insérer la Marseillaise, avait été mis au rebut. Je désirais prendre les espèces que je lui demandais, en simples sarments, parce que je comptais les faire tremper partout où je m'arrêterais; ce mode de

livraison ne paraissait pas lui convenir beaucoup. Enfin,
après lui avoir remis toutes mes notes et fixé le jour, il cher-
cha à me persuader que ce retranchement de sarments en
cette saison (nous étions au 18 novembre) ferait le plus
grand tort aux ceps ; tous mes raisonnements contraires furent sans succès, et il me remit à faire ces deux envois au
mois de mars. Je n'ai pas manqué de lui exprimer mon re-
fus d'aucun plant d'un an ; car la Société sait aussi bien que
moi que c'est la plus mauvaise nature de plant dont on
puisse se servir ; en conséquence, ils seront de deux ou trois
ans.

La Société agricole et linnéenne de Bordeaux m'a-
vait chargé d'une commission également importante sous
le rapport commercial et agricole : elle consistait à rechercher les causes de la diminution de la consommation des
vins de Bordeaux dans les pays que j'allais parcourir, et par
quels autres vins ils avaient été remplacés. D'après toutes
les informations que j'ai prises, ce ne serait pas à l'extension de la culture de la vigne dans ces même pays qu'il
faudrait en attribuer la cause, et d'autant moins que, vu la
difficulté que les propriétaires trouvent aussi à en vendre
les produits, il est douteux que cette extension de culture
soit réelle. Mais le peuple a pris le goût de l'eau-de-vie,
les bourgeois celui de la bière, parce que le goût de cette
boisson est moins altéré que celui du vin par l'infection
communiquée à la bouche, résultant de l'usage général de
fumer ; or, les fumeurs sont plus nombreux de l'autre côté
du Rhin qu'ils ne l'ont jamais été ; aussi estime-t-on que la
consommation de la bière a plus que sextuplé depuis une
dixaine d'années. On ne peut guère contester non plus que
cette diminution de consommation, non-seulement de nos
vins, mais aussi de ceux de l'Allemagne et de la Hongrie,
n'ait une de ses sources dans le succès du système homœo-
pathique. Il y a entre autres médecins entrés dans cette

conjuration contre le vin un docteur du nom de Priesnitz à
Graëffenberg en Silésie, fort en réputation en Allemagne;
il guérit ses malades avec de l'eau qu'il administre en
bains, en douches et en boisson. On ne peut assigner
avec précision le degré d'influence de cette cause, mais
il est certain que les Allemands boivent beaucoup moins
de vin qu'autrefois et que le proverbe a cessé d'être
vrai. On se plaint également en Hongrie de la diminution de consommation; mais pour ce pays les causes
déjà énoncées s'accroissent de quelques autres : les vins
communs sont généralement d'une très-faible qualité; ceux
de l'Hegy-Allia sont pendant longtemps des vins de liqueur
d'une douceur qui ne plaît guère à un gosier français et
pas davantage à beaucoup d'autres, et dont on ne peut du
reste boire plus d'un petit verre. Les meilleurs vins d'ordi-
naire, soit blancs comme le Schomlau et le Neszmely, soit
rouges comme ceux d'Erlau, de Bude, et surtout son Tur-
kenblutt (sang des Turcs), sont très-échauffants, comme j'en
ai fait l'expérience, et ont une sorte d'astriction qui n'excite
pas à y revenir souvent, à la différence de nos coulants vins
de Bourgogne devant lesquels la raison est sans cesse en
débat avec l'entraînement; et cela est si vrai qu'à l'hôtel
où je prenais mes repas la moitié des convives ne buvait
que de l'eau, et moi-même dans mon voyage à l'Hegy-Allia
je me suis mis à ce régime après avoir vidé la bouteille
d'excellent vin de Schomlau que mon aimable compagnon
de voyage avait apportée à mon intention.

Quelquefois cependant, aux tables de l'hôtel à Pesth,
j'entendais sauter un bouchon; mais ce n'était sans doute
que pour l'agrément du bruit et de la mousse, car pour
ce double agrément on l'appelait *Champagne du pays*;
il était fabriqué selon toutes les règles de la chimie : sucre,
sel de tartre, rien n'y manquait que toutes les qualités
qui font rechercher notre vrai champagne du monde en-

tier. Pour le dégoût qu'il m'a fait éprouver aux deux ou trois fois que j'ai été forcé d'en boire, puissent les œnologues chimistes être forcés d'en consommer chaque jour une bouteille de pareil, pendant seulement une semaine ! Si l'on me demande pourquoi l'on en boit, je répondrai : C'est qu'il coûte un florin de moins que le véritable. Les vins de Hongrie ont des débouchés superbes : la Gallicie, la Pologne, la Russie, et cependant la plus grande partie restait invendue ; il a fallu cette désastreuse année présente pour vider les celliers. S'il est besoin de nouvelles preuves de ce défaut de vente, bien décourageant, j'ajouterais que je n'ai pas trouvé de propriétaire qui ne se plaignît de cette nature de bien, et je garantirais qu'on aurait beaucoup de vignes de Tokai à la moitié de leur valeur primitive. Si je disais que le fils d'un propriétaire m'a assuré que son père me donnerait volontiers sa vigne pour rien, on ne me croirait pas ; moi-même je ne crois pas que le père eût ratifié la promesse de son fils.

Je reviens aux causes du refroidissement des étrangers pour les vins de Bordeaux : disons d'abord que les premières qualités sont exclusivement réservées aux Anglais, les secondes aux gens les plus riches de la France et de l'étranger ; il ne reste donc que les troisièmes et dernières qualités dans le commerce, et les propriétaires ne veulent pas moins les vendre un très-haut prix. A Paris, par exemple, nous ne pouvons avoir une bouteille de vin passable à moins de quatre à cinq francs, et vous vous abreuvez de charmants vins de Bourgogne à trente sous, chez les bons restaurateurs du moins. Enfin, si le bon vin de Bordeaux convient à tout le monde, même aux convalescents, il faut convenir aussi que ce ne sont pas ces derniers qui sont de grands consommateurs, mais bien ce qu'on appelle vulgairement les bons vivants, qui sont charmés que chaque verre leur apporte une nouvelle dose de gaieté, et leurs vrais compagnons sont le Bourgogne, et surtout le Champagne ; aussi ce dernier est-il le seul qu'on cherche partout à imiter. Je terminerai par une considération fâcheuse pour l'amour-propre national, mais à laquelle je ne fais en ce moment que donner de l'extension : c'est qu'ainsi que pour la plupart des produits de notre industrie, les étrangers ont été souvent abusés par des commissionnaires de marchands déloyaux ; les prix étaient excessifs et les qualités très-médiocres. Alors, dans la crainte d'être trompés, on n'achète plus rien.

Maintenant que notre forme de gouvernement ne permet pas le rétablissement d'une institution qui avait maintenu, jusqu'à la révolution, la réputation des vins l'Alsace ; celle des jurés-goûteurs, sans la permission desquels aucune pièce de vin ne pouvait être exportée ; les moyens que je pourrais proposer pour réparer le tort que les mauvais vins font au commerce des bons, seront plus facilement imaginés par les intéressés, qui sont généralement des gens éclairés, que par moi-même, et je supprime des conseils dont je pense qu'ils n'auront pas besoin.

Du reste, il m'a paru que les propriétaires de la Champagne, loin d'avoir à se plaindre du délaissement de leurs vins, ont à se féliciter de l'accroissement de leurs exportations ; car j'ai vu bien des gens s'étonner que la Champagne pût fournir tous les vins qui se boivent partout sous son nom. Ainsi, ce ne serait qu'un déplacement de préférence, qui aurait eu lieu en faveur de ces derniers, au préjudice de ceux de Bordeaux.

En recherchant avec ardeur tous les moyens de compléter ma collection, c'était et c'est toujours dans le but de profiter de toutes les connaissances qu'elle me fournira pour composer l'ouvrage que je prépare sur tous les plants de vignes des vignobles les plus renommés de l'Europe, et pour lequel j'ai depuis plusieurs années réuni de nombreux matériaux, en outre des cinquante pages de considérations que j'ai déjà rédigées. J'avais donc un grand intérêt à connaître les ouvrages les plus modernes et les plus étendus sur le même sujet; cette dernière qualité manque rarement aux ouvrages allemands. M. le conseiller Burger, auteur estimé d'un cours complet d'agriculture, traduit en français par M. Noirot, voulut bien me mener à la bibliothèque de la Société impériale d'Agriculture, à Vienne; et mettre à ma disposition le grand ouvrage de Metzger et Babo, avec figures coloriées, du prix de 180 f., et celui du conseiller du roi de Wurtemberg, M. Vongok, de même avec figures coloriées, et seulement du prix de 80. J'ai trouvé les figures de ce dernier bien plus exactes pour la forme et la grosseur des grappes et des grains; mais, dans les unes comme dans les autres, le coloris manque de vérité. Leur système de classification ne m'a paru assis sur aucune base solide; il ne m'a pas paru non plus fondé sur des caractères bien saisissables et même toujours bien réels. Je me suis arrêté à Stuttgardt pour converser avec M. Vongok, chez lequel j'ai reconnu promptement la timidité d'un honnête homme embarrassé, et toute la modestie d'un homme d'un vrai mérite. J'étais fort curieux de savoir sur quel fondement, sur quel passage d'ancien auteur il avait été entraîné à appliquer la dénomination d'aminées à nos chasselas. *Les vers de Virgile* *, me dit-il; *il me paraît*, lui répondis-je en riant, *que c'est*

---

* Voici ces vers de Virgile :

Sunt et amineæ vites firmissima vina,

Tmolus et assurgit quibus et rex ipse Phanæus.

Or, dans quelques lieux le chasselas est vert, mou et insipide, et nulle part il ne donne de bon vin.

un oracle sibyllin, dont le sens caché, qui vous a été révélé, est tout à fait contraire au sens vulgaire et apparent. Une note d'un savant, à la marge de ces vers, ajouta-t-il; *ne vous êtes-vous jamais aperçu que les savants étaient souvent en contradiction avec le bon sens?* répliquai-je, *et celui-là ignorait-il donc que Pline a dit positivement que partout où les amincès avaient été introduites, elles avaient réussi et avaient donné de meilleur vin qu'on n'en cueillait auparavant.* J'ai cité cette conversation pour montrer que les savants d'Allemagne ne sont pas aussi effrayants qu'ils nous le paraissent de loin. Du reste, je n'en ai pas moins conservé un vif désir de connaître plus à fond son bel ouvrage; et, si M. le duc D., qui se pare d'une couronne de pampres en acceptant le patronage des viticoles du royaume, n'avait pas annoncé l'intention d'en faire l'acquisition, j'aurais proposé au conseil municipal de la ville de Tours, d'en enrichir la bibliothèque de la ville, en y contribuant moi-même. Il a bien voulu prendre note, aussi sur mon indication, d'un ouvrage du comte Gallesio, également recommandable par le texte et les figures coloriées, mais dont le prix très-élevé avait éloigné jusqu'ici les amateurs, plus que la langue dans laquelle il a été composé, l'italien, qui est plus facile à comprendre pour nous que pour les Allemands.

Voilà, Messieurs, le récit fidèle des observations que j'ai pu faire pendant mon voyage; si la manière dont j'ai rempli cette mission vous laisse quelque chose à désirer, vous voudrez bien considérer que c'est le premier voyage de cette nature que j'exécutais, que je faisais véritablement mon noviciat; mais, sous le rapport du zèle et du dévouement, j'aurai mérité, je l'espère du moins, de conserver votre bienveillance. J'apprendrai avec reconnaissance que je ne me suis pas trompé. Je fais des vœux aussi pour que M. le Ministre qui m'a honoré de cette mission, d'après cette même confiance en moi que vos recommandations lui ont inspirée, ne regrette pas de l'avoir placée comme il l'a fait.

Comte ODART.